**초등학교 생활 중국어 3 워크북**

지은이 김지선, 조한나, 권승숙
펴낸이 임상진
펴낸곳 (주)넥서스

초판 1쇄 발행 2020년 6월 30일
초판 2쇄 발행 2020년 7월 5일

출판신고 1992년 4월 3일 제311-2002-2호
주소 10880 경기도 파주시 지목로 5
전화 (02)330-5500 팩스 (02)330-5555

ISBN 979-11-6165-857-5 64720
      979-11-6165-854-4 (세트)

www.nexusbook.com

시작부터 특별한 **어린이 중국어** 학습 프로그램

초등학교

생활
중국어 3

워크북

김지선·조한나·권승숙 지음
한국중국어교육개발원 감수

넥서스CHINESE

# 머리글

이 책은 『초등학교 생활 중국어』 3권의 워크북입니다. 여러분은 워크북의 활동을 통하여, 메인북에서 학습한 내용과 연계하여 다양하게 연습할 수 있습니다. 메인북의 내용은 ❶ 단원 소개, ❷ 읽기, ❸ 말하기, ❹ 찬트로 배우기 ❺ 놀이로 배우기, ❻ 연습해 보기, ❼ 문화 등의 일곱 가지 코너로 이루어져 있는데, 워크북은 줄 잇기와 빈칸 채우기, 스티커 붙이기, 십자 퍼즐, 사다리 타기 등의 다양하고 재미있는 활동을 통하여 메인북의 내용과 발음을 보충하여 익힐 수 있도록 구성하였습니다.

어린이 여러분은

❶ 워크북의 문제를 신나게 풀면서, 선생님께 배운 메인북의 학습 내용과
단어의 뜻, 발음을 생각해 보세요.

❷ 문제를 푸는 과정을 통하여 이미 배운 발음과 관련 단어를 응용해서
연습해 보세요.

선생님들께서는 교수 학습 자료, 또는 단원 평가용으로 활용하실 수도 있습니다.

학부모님들께서는 가정에서 '어린이가 스스로 학습'하는 자료로 활용하셔도 좋습니다.

이 워크북은 듣기와 쓰기 영역으로 나뉘어 있어서, 영역별 체크도 가능하답니다.

아무쪼록 이 워크북이 메인북에서 배운 내용을 탄탄하게 익히고,

학습자의 능력을 더욱 향상시키는 유용한 도구가 되기를 기대합니다.

지은이 일동

## 워크북 활용하기

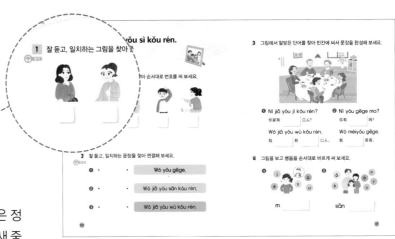

### 귀가 트이는 듣기 연습!

녹음에서 들려주는 중국어를 잘 듣고, 알맞은 정답을 골라 보세요. 반복해서 듣다 보면 어느새 중국어가 귀에 쏙쏙 들어옵니다.

### 놀이처럼 재미있는 문제!

색칠하기, 선 잇기, 미로 찾기, 스티커 붙이기, 사다리 타기 등 재미있고 다양한 문제를 풀어 보세요. 중국어에 자신감이 붙습니다.

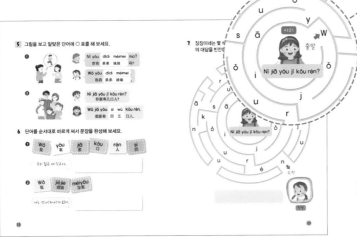

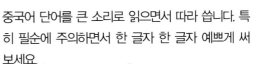

### 또박또박 중국어 쓰기!

중국어 단어를 큰 소리로 읽으면서 따라 씁니다. 특히 필순에 주의하면서 한 글자 한 글자 예쁘게 써 보세요.

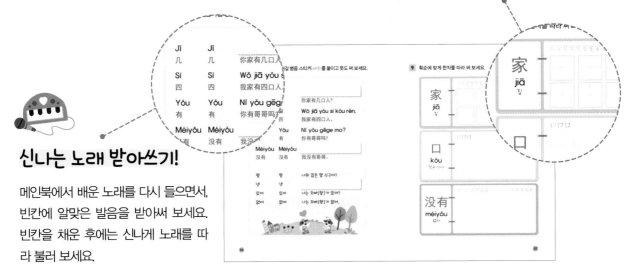

### 신나는 노래 받아쓰기!

메인북에서 배운 노래를 다시 들으면서, 빈칸에 알맞은 발음을 받아써 보세요. 빈칸을 채운 후에는 신나게 노래를 따라 불러 보세요.

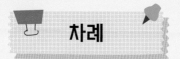

# 차례

# 1과 Wǒ sān niánjí èr bān.
## 나는 3학년 2반이야.

**1** 잘 듣고, 일치하는 그림을 찾아 순서대로 번호를 써 보세요.

🎧 1-1

**2** 잘 듣고, 일치하는 문장을 찾아 연결해 보세요.

🎧 1-2

❶ ·                    ·    Wǒ sì niánjí yī bān.

❷ ·                    ·    Tā shì tóngzhuō.

❸ ·                    ·    Wǒ sān niánjí èr bān.

**3** 친구들이 말한 내용에 알맞은 스티커(69쪽)를 붙여 보세요.

❶ 너는 몇 학년 몇 반이야?

Nǐ [　] niánjí [　] bān?
你 [　] 年级 [　] 班?

❷ 나는 5학년 2반이야.

Wǒ [　] niánjí [　] bān.
我 [　] 年级 [　] 班。

❸ 나는 4학년 3반이야.

Wǒ [　] niánjí [　] bān.
我 [　] 年级 [　] 班。

**4** 그는 누구일까요? 보기 의 힌트를 보고 누구인지 병음을 쓰고 그림도 그려 보세요.

보기

| 중국 | 가르치는 사람 | 학교 |

Tā shì [　].
他是汉语老师。

**5** 그림을 보고 알맞은 단어에 ○ 표를 해 보세요.

① Tā shì shéi?
他是谁?

Tā shì ｜ xiàozhǎng ｜ tóngxué ｜.
他是 ｜ 校长 ｜ 同学 ｜.

② Nǐ jǐ niánjí jǐ bān?
你几年级几班?

Wǒ ｜ wǔ ｜ liù ｜ niánjí ｜ yī ｜ èr ｜ bān.
我 ｜ 五 ｜ 六 ｜ 年级 ｜ 一 ｜ 二 ｜ 班。

**6** 단어를 순서대로 바르게 써서 문장을 완성해 보세요.

① Wǒ 我 | bān 班 | wǔ 五 | sān 三 | niánjí 年级

나는 5학년 3반이야.

② shì 是 | tóngzhuō 同桌 | Tā 他

그는 짝꿍이야.

숫자를 나타내는 병음과 한자를 모두 찾아 색칠하고, 나타나는 글자를 빈칸에 써 보세요.

| 你 | 不 | yǔ | 桌 | tā | lǎo | shī | 是 | bú | xiào | tóng | 不 | zhǎng |
| xué | 八 | yī | 七 | jīn | bú | tiān | yī | 学 | wǔ | 九 | 三 | 同 |
| 师 | zhū | 五 | tā | tiān | tóng | 桌 | bā | míng | bú | sì | bù | 级 |
| jǐ | tā | èr | 老 | jīng | 一 | 校 | 七 | tù | tā | sān | 年 | lǎo |
| tóng | wǒ | 七 | gǒu | jī | 四 | wǒ | shí | 级 | 长 | 十 | xiào | 班 |
| hàn | 四 | jiǔ | liù | shǔ | 六 | 是 | 二 | shì | shí | 五 | liù | hěn |
| 同 | nǐ | 九 | 学 | 班 | wǔ | bān | wǔ | lóng | yáng | sān | 语 | xué |
| zhuō | shuō | sì | shé | 级 | bā | wǒ | 八 | 她 | xiào | yī | xiǎo | 年 |
| 是 | 好 | qī | lǎo | hóu | 年 | duì | 十 | mǎ | tóng | 二 | 汉 | zhuō |
| shī | sì | 三 | 六 | jǐ | wǒ | nǐ | èr | hàn | qī | 八 | jiǔ | bān |
| lǎo | 校 | tóng | 长 | xiào | tā | zhuō | 他 | xué | 几 | hǔ | bān | nián |

|  |  | Jǐ niánjí jǐ bān? |
| 几 | 几 | 几年级几班? |
| Sān | Sān | Sān niánjí èr bān. |
| 三 | 三 | 三年级二班。 |
| Lǎoshī | Lǎoshī | Tā shì Hànyǔ lǎoshī ma? |
| 老师 | 老师 | 他是汉语老师吗? |
| Lǎoshī | Lǎoshī |  |
| 老师 | 老师 | 他是汉语老师。 |

| 몇 | 몇 | 몇 학년 몇 반이야? |
| 3 | 3 |  |
| 선생님 | 선생님 | 저분은 중국어 선생님이야? |
| 선생님 | 선생님 | 저분은 중국어 선생님이야. |

**9** 획순에 맞게 한자를 따라 써 보세요.

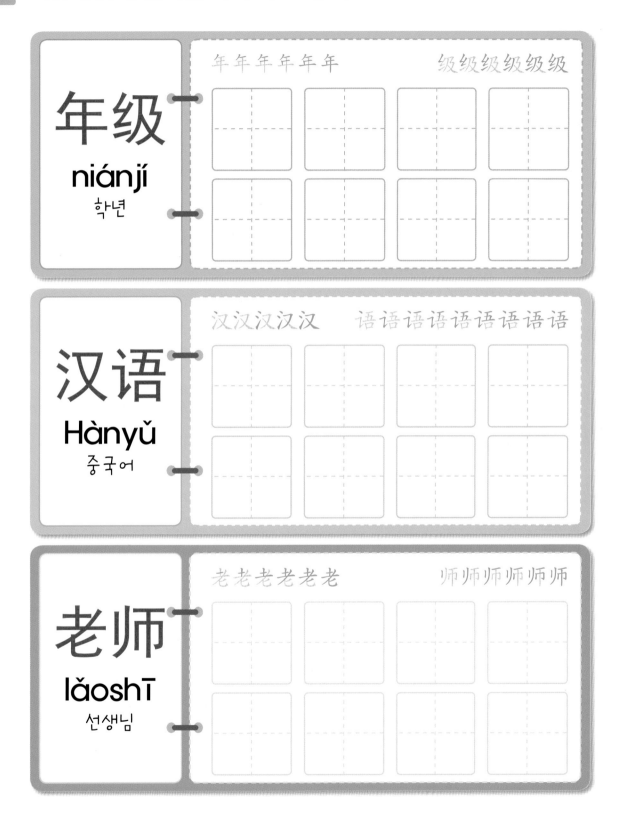

## 2과

# Wǒ shǔ tù. 나는 토끼띠야.

**2** 잘 듣고, 일치하는 그림을 찾아 연결해 보세요.

 ❶      ❷      ❸

**3** 빈칸에 들어갈 한자를 보기 에서 골라 써 보세요.

Bàba shǔ shénme?
爸爸 [ ] 什么?

Wǒ shǔ lóng.
我 [ ] [ ] 。

보기

龙　　　　属

**4** 빈칸에 들어갈 단어를 보기 에서 골라 쓰고, 뜻도 써 보세요.

보기

鼠　　蛇　　shǔ　　tù

| 병음 | 한자 | 뜻 |
|---|---|---|
| ❶ shé | – | – |
| ❷ | – 兔 | – |
| ❸ | – | – 쥐 |

**5** 그림을 보고 알맞은 단어에 ○ 표를 해 보세요.

❶
Nǐ shǔ shénme?
你属什么?

Wǒ shǔ │ hóu │ gǒu │.
我属 │ 猴 │ 狗 │.

❷
Māma shǔ shénme?
妈妈属什么?

Wǒ shǔ │ mǎ │ niú │.
我属 │ 马 │ 牛 │.

**6** 보기 의 단어를 사용하여 문장을 완성해 보세요. (중복 사용 가능)

보기

| shǔ | māma | wǒ | bàba | yáng | zhū | niú | yě |
|---|---|---|---|---|---|---|---|
| 属 | 妈妈 | 我 | 爸爸 | 羊 | 猪 | 牛 | 也 |

❶ 나는 돼지띠야.

❷ 엄마도 양띠야.

❸ 아빠는 소띠야.

**7** 보기 의 동물들을 찾아 ○ 표를 해 보세요.

보기

| shé | hóu | hǔ | lóng |
|-----|-----|-----|------|
| 蛇 | 猴 | 虎 | 龙 |

**8** 잘 듣고, 빈칸에 들어갈 병음 스티커(69쪽)를 붙이고 뜻도 써 보세요.

 2-3

Shǔ　　Shǔ　　Nǐ shǔ shénme?
属　　　属　　　你属什么?

Shǔ、　niú、　hǔ、tù、lóng、shé、
鼠、　　牛、　　虎、兔、龙、蛇、

　　　　　　　　hóu、jī、gǒu、zhū.
　　　　　　　　猴、鸡、狗、猪。

马、　　羊、

Wǒ　　　Wǒ
我　　　我　　　我属兔。

띠　　　띠

쥐,　　소,　　호랑이, 토끼, 용, 뱀,
말,　　양,　　원숭이, 닭, 개, 돼지.
나　　　나　　　나는 토끼띠야.

18

**9** 획순에 맞게 한자를 따라 써 보세요.

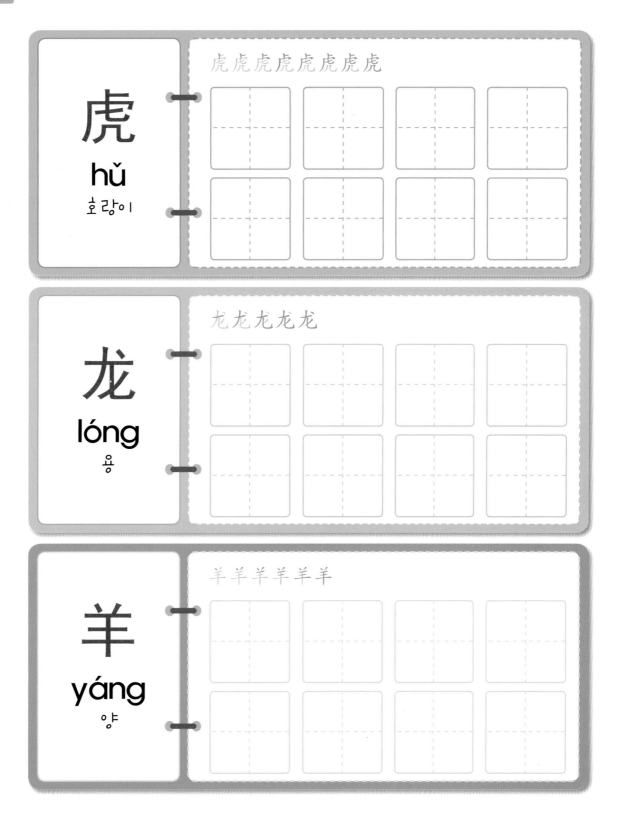

# Wǒ jiā yǒu sì kǒu rén.
## 우리 집은 네 식구야.

**1** 잘 듣고, 일치하는 그림을 찾아 순서대로 번호를 써 보세요.

3-1

**2** 잘 듣고, 일치하는 문장을 찾아 연결해 보세요.

3-2

❶ ·            · Wǒ yǒu gēge.

❷ ·            · Wǒ jiā yǒu sān kǒu rén.

❸ ·            · Wǒ jiā yǒu wǔ kǒu rén.

**3** 그림에서 알맞은 단어를 찾아 빈칸에 써서 문장을 완성해 보세요.

❶ Nǐ jiā yǒu jǐ kǒu rén?

你家有 ⬜ 口人?

Wǒ jiā yǒu wǔ kǒu rén.

我 ⬜ 有 ⬜ 口人。

❷ Nǐ yǒu gēge ma?

你有 ⬜ 吗?

Wǒ méiyǒu gēge.

我 ⬜ 哥哥。

**4** 그림을 보고 병음을 순서대로 바르게 써 보세요.

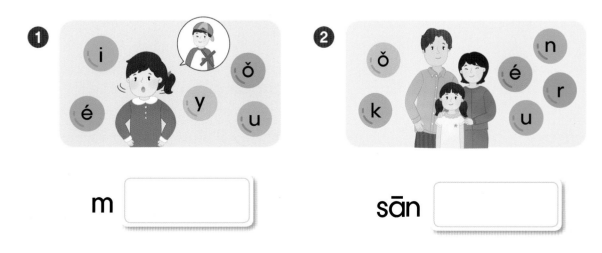

❶ m ⬜

❷ sān ⬜

**5** 그림을 보고 알맞은 단어에 ◯ 표를 해 보세요.

❶

Nǐ yǒu dìdi | mèimei ma?
你有 弟弟 | 妹妹 吗?

Wǒ yǒu dìdi | mèimei .
我有 弟弟 | 妹妹 。

❷

Nǐ jiā yǒu jǐ kǒu rén?
你家有几口人?

Wǒ jiā yǒu sì | wǔ kǒu rén.
我家有 四 | 五 口人。

**6** 단어를 순서대로 바르게 써서 문장을 완성해 보세요.

❶

| Wǒ | yǒu | jiā | kǒu | rén | sì |
| 我 | 有 | 家 | 口 | 人 | 四 |

우리 집은 네 식구야.

❷

| Wǒ | jiějie | méiyǒu |
| 我 | 姐姐 | 没有 |

나는 언니(누나)가 없어.

**7** 징징이네는 몇 식구인지 미로를 따라가며 알아보고, 징징이의 대답을 빈칸에 써 보세요.

**8** 잘 듣고, 빈칸에 들어갈 병음 스티커(69쪽)를 붙이고 뜻도 써 보세요.

| Jǐ | Jǐ | |
|---|---|---|
| 几 | 几 | 你家有几口人? |
| Sì | Sì | Wǒ jiā yǒu sì kǒu rén. |
| 四 | 四 | 我家有四口人。 |
| Yǒu | Yǒu | Nǐ yǒu gēge ma? |
| 有 | 有 | 你有哥哥吗? |
| Méiyǒu | Méiyǒu | |
| 没有 | 没有 | 我没有哥哥。 |

| 몇 | 몇 | 너희 집은 몇 식구야? |
|---|---|---|
| 넷 | 넷 | |
| 있어 | 있어 | 너는 오빠[형]가 있어? |
| 없어 | 없어 | 나는 오빠[형]가 없어. |

**9** 획순에 맞게 한자를 따라 써 보세요.

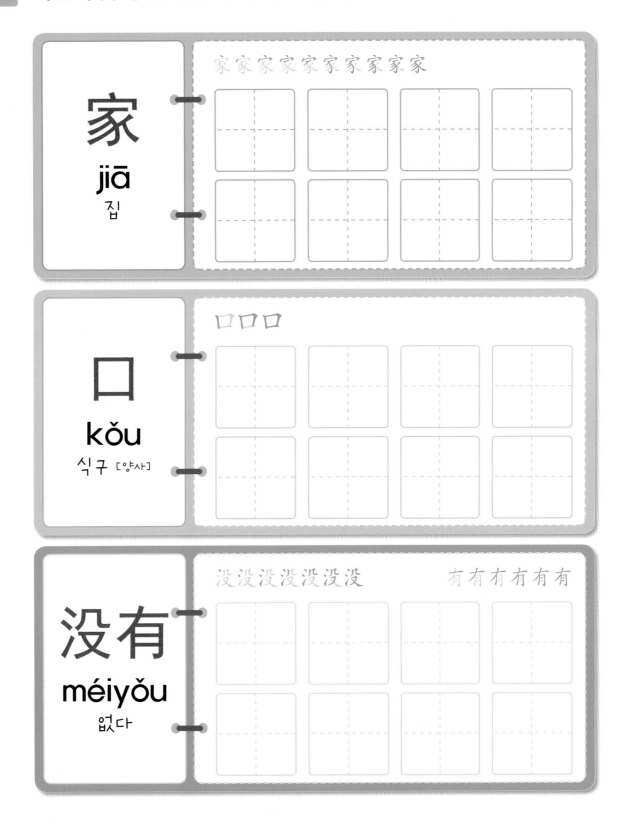

家
jiā
집

口
kǒu
식구 [양사]

没有
méiyǒu
없다

家家家家家家家家家家

口口口

没没没没没没没 　　　有有有有有有

# 4과

## Wǒ shì Hánguórén.
나는 한국인이야.

 **1** 잘 듣고, 일치하는 그림을 찾아 순서대로 번호를 써 보세요.

   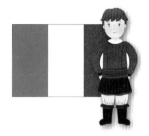

 **2** 잘 듣고, 일치하는 그림을 찾아 연결해 보세요.

**3** 사다리를 타고 내려가 빈칸에 병음을 쓰고, 문장의 뜻도 써 보세요.

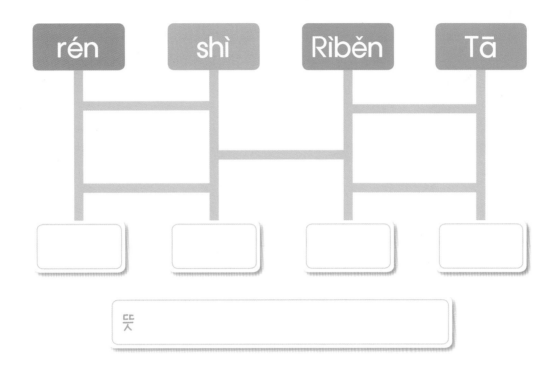

| rén | shì | Rìběn | Tā |

뜻

**4** 빈칸에 들어갈 단어를 보기 에서 골라 쓰고, 뜻도 써 보세요.

보기

中国　加拿大　Hánguó　Zhōngguó

| 병음 | 한자 | 뜻 |

❶ [　　　] – 韩国 – [　　　]

❷ Jiānádà – [　　　] – [　　　]

❸ [　　　] – [　　　] – 중국

**5** 그림과 일치하는 문장을 찾아 ○ 표를 해 보세요.

**①**

Tā shì Měiguórén. ☐
她是美国人。

Tā shì Fǎguórén. ☐
她是法国人。

**②**

Tā shì Měiguórén. ☐
她是美国人。

Tā shì Fǎguórén. ☐
她是法国人。

**6** 보기 의 단어를 사용하여 문장을 완성해 보세요. (중복 사용 가능)

보기

| Tā | Wǒ | bú shì | rén | shì | yě | Zhōngguó | Yìdàlì | Hánguó |
|----|----|--------|-----|-----|----|----------|--------|--------|
| 他(她) | 我 | 不是 | 人 | 是 | 也 | 中国 | 意大利 | 韩国 |

**①** 그는 이탈리아인이야.

**②** 그녀는 중국인이 아니야.

**③** 나도 한국인이야.

**7**  만국기에 어느 나라 국기가 없는지 보기 에서 골라 써 보세요.

보기

| Hánguó | Zhōngguó | Yīngguó |
|---|---|---|
| 韩国 | 中国 | 英国 |
| Měiguó | Jiānádà | rìběn |
| 美国 | 加拿大 | 日本 |

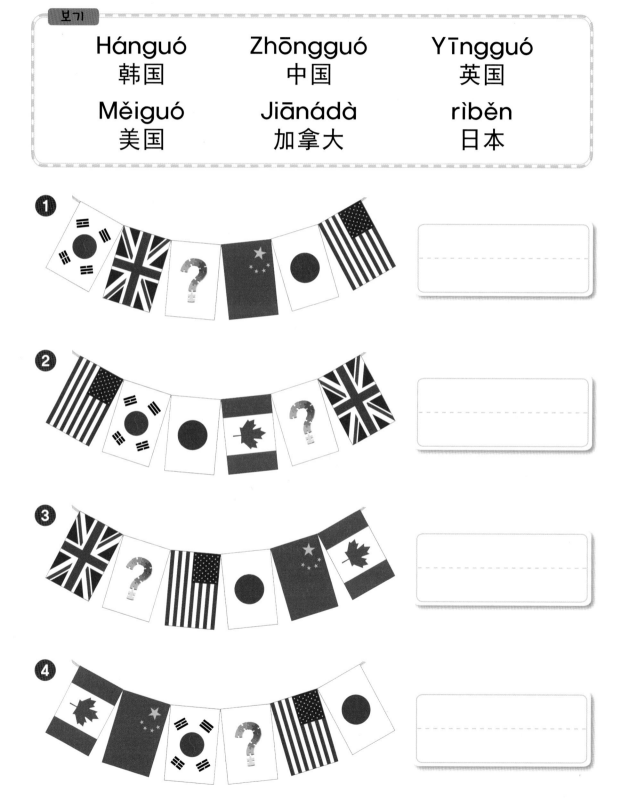

①

②

③

④

**8** 잘 듣고, 빈칸에 들어갈 병음 스티커(69쪽)를 붙이고 뜻도 써 보세요.

| | | |
|---|---|---|
| Nǐ | Nǐ | |
| 你 | 你 | 你是哪国人？ |
| Hánguó | Hánguó | Wǒ shì Hánguórén. |
| 韩国 | 韩国 | 我是韩国人。 |
| Tā | Tā | Tā yě shì Hánguórén ma? |
| 她 | 她 | 她也是韩国人吗？ |
| Bú shì | Bú shì | |
| 不是 | 不是 | 她是中国人。 |
| | | |
| 너는 | 너는 | 너는 어느 나라 사람이니? |
| 한국 | 한국 | 나는 한국인이야. |
| 그녀 | 그녀 | |
| 아니 | 아니 | 그녀는 중국인이야. |

**9** 획순에 맞게 한자를 따라 써 보세요.

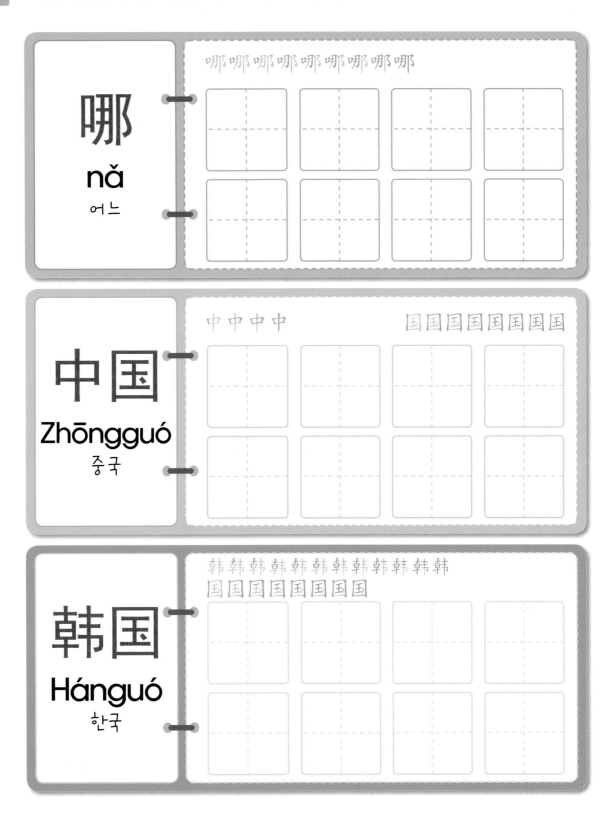

哪 哪 哪 哪 哪 哪 哪 哪 哪

哪
ná
어느

中 中 中 中　　　　　国 国 国 国 国 国 国 国

中国
Zhōngguó
중국

韩 韩 韩 韩 韩 韩 韩 韩 韩 韩 韩 韩
国 国 国 国 国 国 国 国

韩国
Hánguó
한국

# Wǒ qù shūdiàn. 나는 서점에 가.

**1** 잘 듣고, 일치하는 그림을 찾아 순서대로 번호를 써 보세요.

5-1

**2** 잘 듣고, 일치하는 문장을 찾아 연결해 보세요.

5-2

❶ •　　　　• Wǒ qù túshūguǎn.

❷ •　　　　• Wǒ qù gōngyuán.

❸ •　　　　• Wǒ qù diànyǐngyuàn.

**3** 그림과 일치하는 병음을 찾아 ○ 표를 하고, 한자 스티커(71쪽)도 붙여 보세요.

**①**

chāoshì ☐

cāntīng ☐

**②** 문방구

wénjùdiàn ☐

gōngyuán ☐

**③** 서점

túshūguǎn ☐

shūdiàn ☐

**4** 그림을 보고 빈칸에 들어갈 병음을 보기 에서 골라 써 보세요.

보기
jīchǎng    nǎr    cāntīng    yínháng

너 어디 가?

나 은행 가.

**①** Nǐ qù [          ] ?

你去哪儿?

**②** Wǒ qù [          ] 。

我去银行。

**5** 베이베이는 어디 가는 걸까요? 미로를 따라가며 장소 이름을
써 보세요.

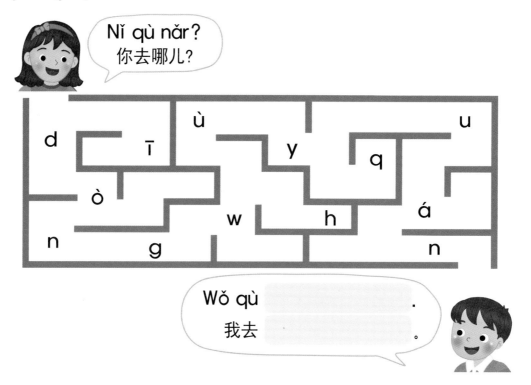

**6** 단어를 순서대로 바르게 써서 문장을 완성해 보세요.

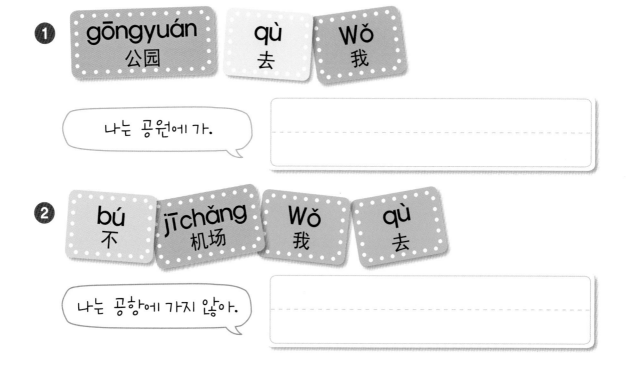

**7** 【힌트】 를 보고 빈칸에 알맞은 병음을 써서 가로세로 퍼즐을 풀어 보세요.

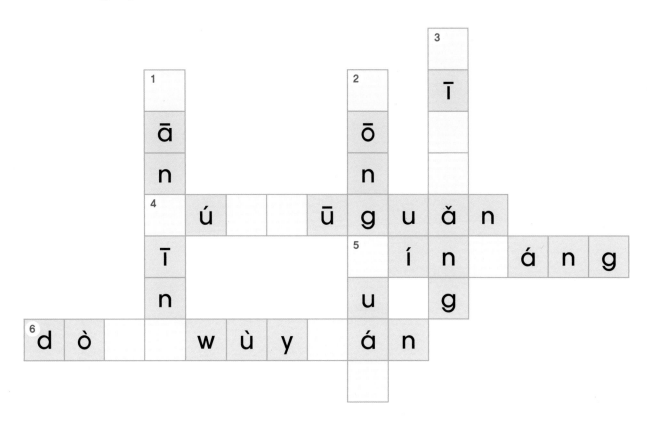

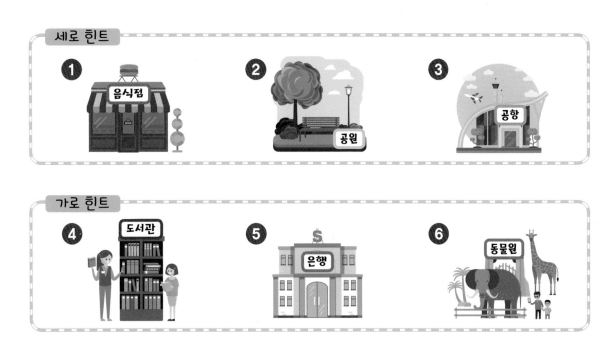

**8** 잘 듣고, 빈칸에 들어갈 병음 스티커(71쪽)를 붙이고 뜻도 써 보세요.

| Qù | Qù | |
|---|---|---|
| 去 | 去 | 你去哪儿? |
| Shūdiàn | Shūdiàn | Wǒ qù shūdiàn. |
| 书店 | 书店 | 我去书店。 |
| Qù | Qù | Nǐ qù chāoshì ma? |
| 去 | 去 | 你去超市吗? |
| Bù | Bù | |
| 不 | 不 | 我不去超市。 |

| 가니 | 가니 | 너 어디 가니? |
|---|---|---|
| 서점 | 서점 | 나는 서점에 가. |
| 가니 | 가니 | |
| 아니 | 아니 | 나는 슈퍼마켓에 안 가. |

**9** 획순에 맞게 한자를 따라 써 보세요.

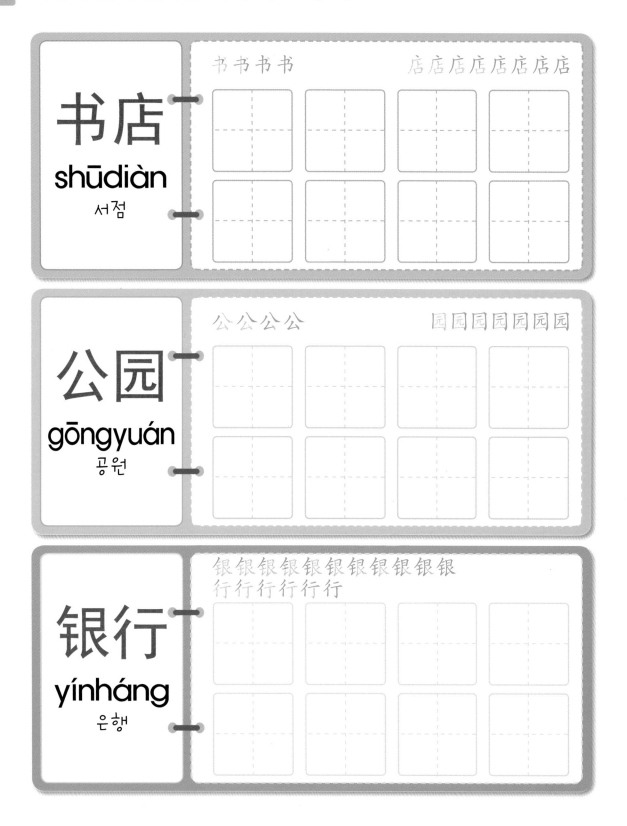

书店
shūdiàn
서점

书书书书　　　店店店店店店店店

公园
gōngyuán
공원

公公公公　　　园园园园园园园园

银行
yínháng
은행

银银银银银银银银银银银
行行行行行行

# 6과

## Jīntiān wǔ yuè wǔ hào.
오늘은 5월 5일이야.

**1** 잘 듣고, 일치하는 그림을 찾아 순서대로 번호를 써 보세요.

1월 1일
일요일

12월 5일
금요일

5월 6일
월요일

8월 21일
화요일

**2** 잘 듣고, 일치하는 그림을 찾아 연결해 보세요.

❶          ❷          ❸

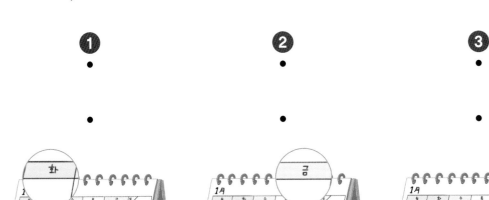

**3** 꼬불꼬불 실을 따라 내려가서 빈칸에 병음과 한자를 써 보세요.

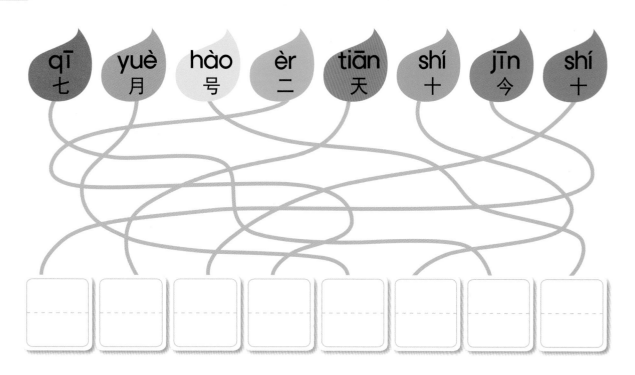

| qī 七 | yuè 月 | hào 号 | èr 二 | tiān 天 | shí 十 | jīn 今 | shí 十 |

**4** 달력을 보고 빈칸에 알맞은 병음과 한자를 써 보세요.

❶ Jīntiān jǐ yuè jǐ hào?
今天几月几号?

Jīntiān [ ] yuè [ ] hào.
今天 [ ] 月 [ ] 号。

❷ Jīntiān xīngqī jǐ?
今天星期几?

Jīntiān xīngqī [ ].
今天星期 [ ]。

**5** 그림과 일치하는 문장을 찾아 연결하고, 뜻도 써 보세요.

① · · Jīntiān shí yuè yī hào.
· 今天十月一号。
뜻

② · · Jīntiān xīngqītiān.
· 今天星期天。
뜻

③ · · Jīntiān shí'èr yuè èrshísì hào.
· 今天十二月二十四号。
뜻

**6** 병음을 보고 한자로 써 보세요.

① Jīntiān jǐ yuè jǐ hào?

② Jīntiān sì yuè wǔ hào.

**7** 사다리를 타고 내려가 알맞은 단어를 찾아 문장을 완성하세요.

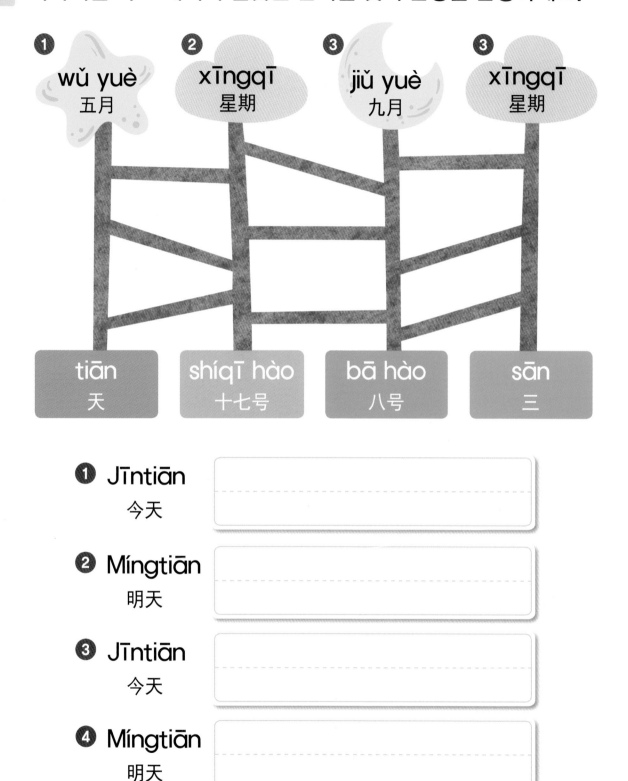

① wǔ yuè
五月

② xīngqī
星期

③ jiǔ yuè
九月

③ xīngqī
星期

tiān
天

shíqī hào
十七号

bā hào
八号

sān
三

① **Jīntiān**
今天

② **Míngtiān**
明天

③ **Jīntiān**
今天

④ **Míngtiān**
明天

**8** 잘 듣고, 빈칸에 들어갈 병음 스티커(71쪽)를 붙이고 뜻도 써 보세요.

| | | |
|---|---|---|
| Jǐ | Jǐ | Jǐ yuè jǐ hào? |
| 几 | 几 | 几月几号? |
| Wǔ | Wǔ | |
| 五 | 五 | 五月五号。 |
| Jǐ | Jǐ | |
| 几 | 几 | 星期几? |
| Èr | Èr | Xīngqī'èr. |
| 二 | 二 | 星期二。 |
| 몇 | 몇 | |
| 5 | 5 | 5월 5일이야. |
| 무슨 | 무슨 | 무슨 요일이야? |
| 화 | 화 | |

**9** 획순에 맞게 한자를 따라 써 보세요.

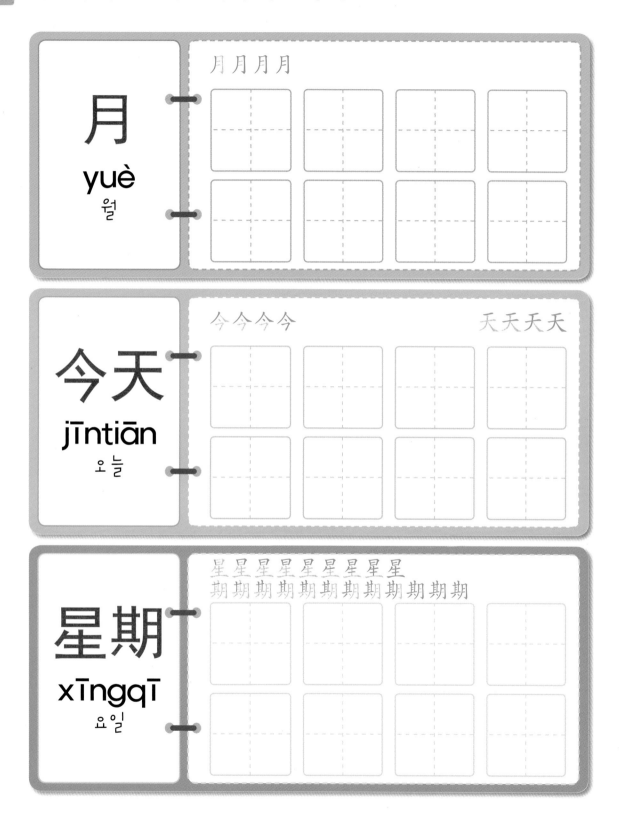

月
yuè
월

月月月月

今天
jīntiān
오늘

今今今今　　　　　天天天天

星期
xīngqī
요일

星星星星星星星星
期期期期期期期期期期期

 **Xiànzài bā diǎn shí fēn.**
지금은 8시 10분이야.

**1** 잘 듣고, 일치하는 그림을 찾아 순서대로 번호를 써 보세요.

7-1

**2** 잘 듣고, 일치하는 문장을 찾아 연결해 보세요.

7-2

❶ · · Xiànzài qī diǎn sānshíwǔ fēn.

❷ · · Xiànzài liǎng diǎn bàn.

❸ · · Xiànzài shíyī diǎn bā fēn.

**3** 접시 가운데 있는 큰 한자와 똑같은 한자를 모두 찾아 ○ 표를 하고, 이 단어의 병음과 뜻을 빈칸에 써 보세요.

(가운데 한자도 색을 칠하거나 따라 써 보세요.)

병음

뜻

**4** 그림과 일치하는 병음을 찾아 ○ 표를 하고, 한자 스티커(71쪽)도 붙여 보세요.

❶

Yī diǎn jiàn péngyou. ☐

Èr diǎn jiàn péngyou. ☐

❷

Shíyī diǎn jiéshù. ☐

Shí'èr diǎn jiéshù. ☐

**5** 사다리를 타고 내려가 빈칸에 병음을 쓰고, 문장의 뜻도 써 보세요.

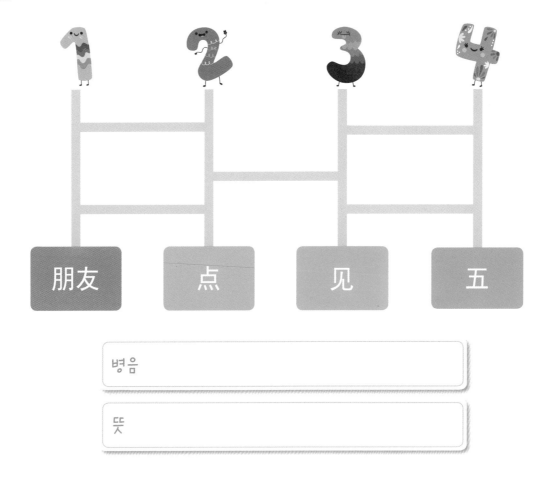

병음

뜻

**6** 병음을 보고 한자로 써 보세요.

**❶** Xiànzài jǐ diǎn?

**❷** Xiànzài sān diǎn èrshí fēn.

**7** 그림에서 사라진 시계를 찾아 ○ 표를 하고, 몇 시인지 보기 에서 병음을 골라 쓰세요. (중복 사용 가능)

보기

| diǎn | bàn | èrshí | bā | liǎng | fēn |
|------|-----|-------|-----|-------|-----|

❶

❷

**8** 잘 듣고, 빈칸에 들어갈 병음 스티커(71쪽)를 붙이고 뜻도 써 보세요.

| Jǐ diǎn | Jǐ diǎn | Xiànzài jǐ diǎn? |
|---|---|---|
| 几点 | 几点 | 现在几点? |
| Bā bā | Shí shí | |
| 八八 | 十十 | 八点十分。 |
| Jǐ diǎn | Jǐ diǎn | Jǐ diǎn jiàn péngyou? |
| 几点 | 几点 | 几点见朋友? |
| Liǎng diǎn | Liǎng diǎn | |
| 两点 | 两点 | 两点半见朋友。 |

| | | |
|---|---|---|
| 몇 시 | 몇 시 | 지금 몇시야? |
| 여덟 여덟 | 십 십 | 여덟 시 십 분이야. |
| 몇 시 | 몇 시 | |
| 두 시 | 두 시 | 두 시 반에 친구 만나. |

**9** 획순에 맞게 한자를 따라 써 보세요.

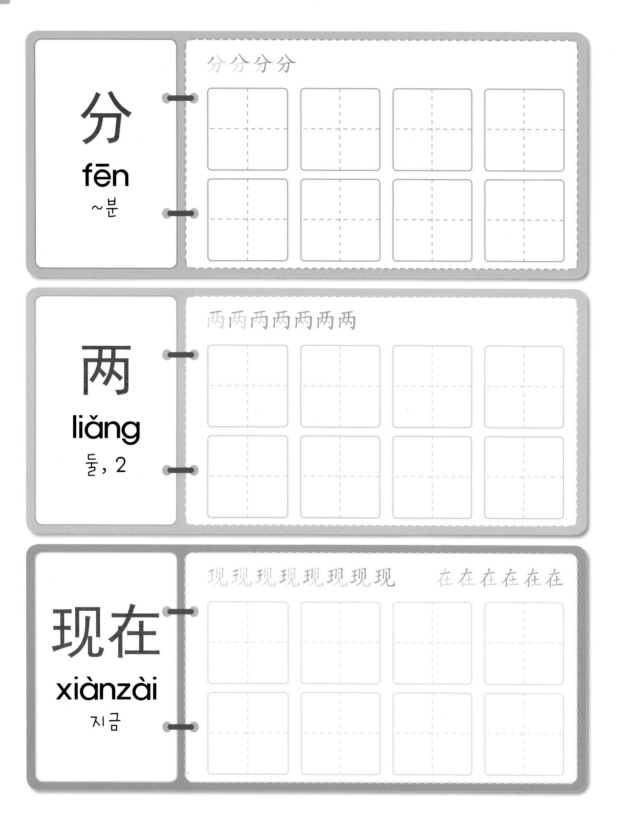

分
fēn
~분

分分分分

两
liǎng
둘, 2

两两两两两两两

现在
xiànzài
지금

现现现现现现现现　在在在在在在

# Pútao duōshao qián?
포도는 얼마야?

**1** 잘 듣고, 일치하는 그림을 찾아 순서대로 번호를 써 보세요.

 8-1

**2** 잘 듣고, 일치하는 그림을 찾아 연결해 보세요.

8-2

❶ 　　❷ 　　❸

50

**3** 빈칸에 들어갈 단어를 보기 에서 골라 쓰고, 뜻도 써 보세요.

보기

苹果　　柿子　　píngguǒ　　cǎoméi

| 병음 | 한자 | 뜻 |
|---|---|---|
| ❶ | 草霉 | |
| ❷ | | 사과 |
| ❸ shìzi | | |

**4** 그림을 보고 빈칸에 들어갈 병음을 보기 에서 골라 써 보세요.

보기

liǎng kuài qián　　duōshao qián　　shénme

복숭아 얼마예요?

2위안이에요.

❶ Táozi ［　　　　　　　　］ ?

桃子多少钱?

❷ ［　　　　　　　　］ 。

两块钱。

**5** 그림을 보고 알맞은 단어에 ○ 표를 해 보세요.

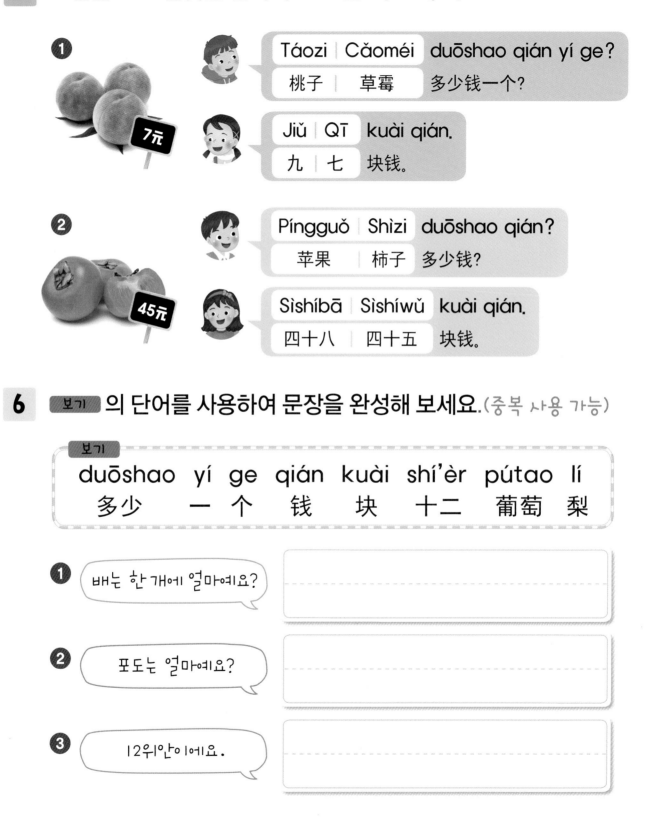

**①**

Táozi | Cǎoméi duōshao qián yí ge?
桃子 | 草莓 多少钱一个?

Jiǔ | Qī kuài qián.
九 | 七 块钱。

7元

**②**

Píngguǒ | Shìzi duōshao qián?
苹果 | 柿子 多少钱?

Sìshíbā | Sìshíwǔ kuài qián.
四十八 | 四十五 块钱。

45元

**6** 보기 의 단어를 사용하여 문장을 완성해 보세요.(중복 사용 가능)

보기

duōshao  yí  ge  qián  kuài  shí'èr  pútao  lí
多少    一  个  钱   块   十二   葡萄  梨

**①** 배는 한 개에 얼마예요?

**②** 포도는 얼마예요?

**③** 12위안이에요.

**7** 암호판을 보고 과일 가격이 얼마인지 보기 에서 병음과 한자를 골라 써 보세요.

보기

| yī 一 | èr 二 | sān 三 | sì 四 | wǔ 五 |
| liù 六 | qī 七 | bā 八 | jiǔ 九 | shí 十 |

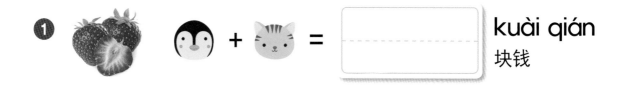

**❶** + = [ _____ ] kuài qián
块钱

**❷** - = [ _____ ] kuài qián
块钱

**❸** + = [ _____ ] kuài qián
块钱

**8** 잘 듣고, 빈칸에 들어갈 병음 스티커(71쪽)를 붙이고 뜻도 써 보세요.

| | | |
|---|---|---|
| Pútao | Pútao | |
| 葡萄 | 葡萄 | 多少钱？ |
| Liǎng kuài | Liǎng kuài | |
| 两块 | 两块 | 两块钱。 |
| Píngguǒ | Píngguǒ | Duōshao qián yí ge? |
| 苹果 | 苹果 | 多少钱一个？ |
| Sān kuài | Sān kuài | Sān kuài qián. |
| 三块 | 三块 | 三块钱。 |
| | | |
| 포도 | 포도 | 얼마야? |
| 2위안 | 2위안 | 2위안이야. |
| 사과 | 사과 | |
| 3위안 | 3위안 | 3위안이야. |

**9** 획순에 맞게 한자를 따라 써 보세요.

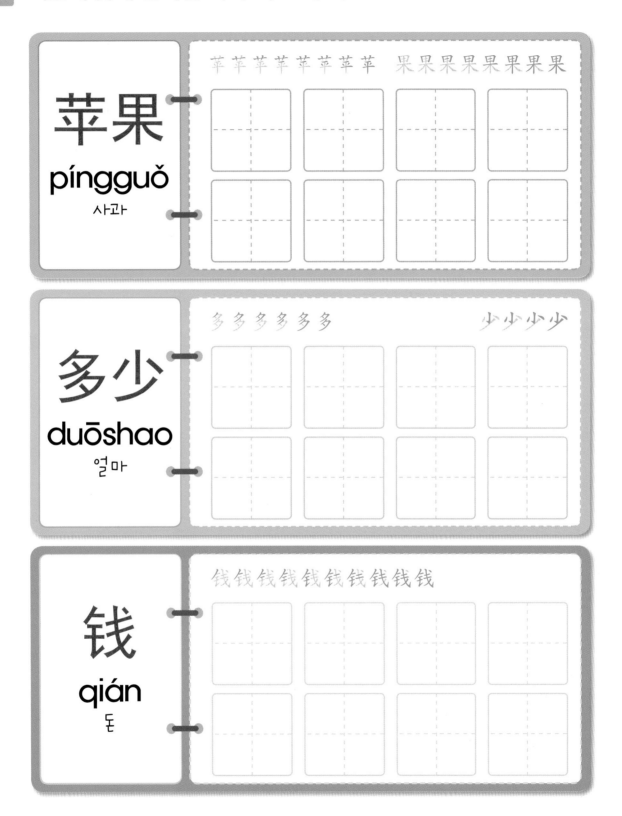

苹果
pínggguǒ
사과

多少
duōshao
얼마

钱
qián
돈

# 정답

**1과** **Wǒ sān niánjí èr bān.**
나는 3학년 2반이야.

**1** 잘 듣고, 일치하는 그림을 찾아 순서대로 번호를 써 보세요.

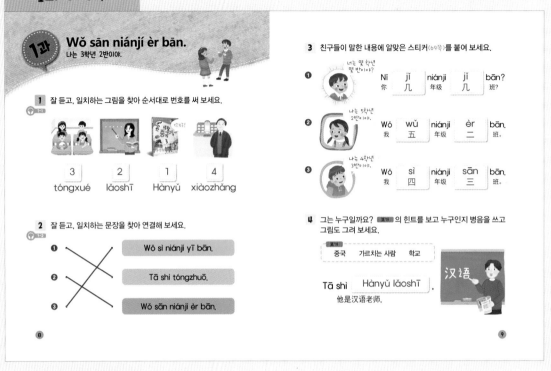

3 tóngxué | 2 lǎoshī | 1 Hànyǔ | 4 xiàozhǎng

**2** 잘 듣고, 일치하는 문장을 찾아 연결해 보세요.

❶ — Wǒ sì niánji yī bān.
❷ — Tā shì tóngzhuō.
❸ — Wǒ sān niánji èr bān.

**3** 친구들이 말한 내용에 알맞은 스티커(69쪽)를 붙여 보세요.

너는 몇 학년 몇 반이야?
❶ Nǐ jǐ niánji jǐ bān?
你 几 年级 几 班?

나는 5학년 2반이야.
❷ Wǒ wǔ niánji èr bān.
我 五 年级 二 班。

나는 4학년 3반이야.
❸ Wǒ sì niánji sān bān.
我 四 年级 三 班。

**4** 그는 누구일까요? 보기 의 힌트를 보고 누구인지 병음을 쓰고 그림도 그려 보세요.

보기 중국 가르치는 사람 학교

Tā shì Hànyǔ lǎoshī.
他是汉语老师。

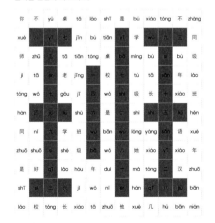

⑧ ⑨

**5** 그림을 보고 알맞은 단어에 ○ 표를 해 보세요.

❶ Tā shì shéi?
他是谁?
Tā shì xiàozhǎng  tóngxué.
他是 校长 同学

❷ Nǐ jǐ niánji jǐ bān?
你几年级几班?
Wǒ wǔ  liù niánji yī  èr bān.
我 五 六 年级 一 二 班。

**6** 단어를 순서대로 바르게 써서 문장을 완성해 보세요.

❶ Wǒ 我 | bān 班 | wǔ 五 | sān 三 | niánji 年级

나는 5학년 3반이야.
Wǒ wǔ niánji sān bān.
我五年级三班。

❷ shi 是 | tóngzhuō 同桌 | Tā 他

그는 짝꿍이야.
Tā shì tóngzhuō.
他是同桌。

**7** 숫자를 나타내는 병음과 한자를 모두 찾아 색칠하고, 나타나는 글자를 빈칸에 써 보세요.

| 你 | 不 | yǔ | 桌 | tā | lǎo | shī | 是 | bú | xiào | tóng | 不 | zhǎng |
| xué | 八 | yī | 七 | jīn | bú | tiān | yī | 学 | wǔ | 九 | 三 | 同 |
| 师 | zhù | 五 | 白 | tiān | tóng | 桌 | bǎ | míng | bú | 五 | bú | 同 |
| jī | tā | èr | 老 | jīng | 一 | 校 | 七 | tù | tā | sān | 年 | lǎo |
| tóng | wǒ | 四 | gǒu | jī | 八 | 六 | 校 | 长 | 去 | xiào | 班 |
| hàn | 四 | 九 | shù | 方 | 三 | 二 | shì | zhī | 百 | hěn |
| 同 | nǐ | 九 | 学 | 班 | wǔ | bān | wǔ | lóng | yáng | sān | 语 | xué |
| zhuō | shuō | 三 | shé | qù | bǎ | wǒ | 八 | 她 | xiào | yī | xiào | 年 |
| 是 | 好 | qī | lǎo | hóu | 年 | duì | 十 | mǎ | tóng | 二 | 汉 | zhuō |
| shī | 五 | 三 | 六 | jī | wǒ | nǐ | èr | hàn | qī | 八 | jiǔ | bān |
| lǎo | 校 | tóng | 长 | xiào | tā | zhuō | 他 | xué | 几 | hú | bān | nián |

班

⑩ ⑪

**8** 잘 듣고, 빈칸에 들어갈 병음 스티커(69쪽)를 붙이고 뜻도 써 보세요.

| Jǐ | Jǐ | Jǐ niánjí jǐ bān? |
|----|----|----|
| 几 | 几 | 几年级几班? |
| Sān | Sān | Sān niánjí èr bān. |
| 三 | 三 | 三年级二班。 |
| Lǎoshī | Lǎoshī | Tā shì Hànyǔ lǎoshī ma? |
| 老师 | 老师 | 他是汉语老师吗? |
| Lǎoshī | Lǎoshī | Tā shì Hànyǔ lǎoshī. |
| 老师 | 老师 | 他是汉语老师。 |
| 몇 | 몇 | 몇 학년 몇 반이야? |
| 3 | 3 | 3학년 2반이야. |
| 선생님 | 선생님 | 저분은 중국 선생님이야? |
| 선생님 | 선생님 | 저분은 중국어 선생님이야. |

**9** 획순에 맞게 한자를 따라 써 보세요.

**年级** niánjí 학년

년 年年年年年级 级级级级级级级

**汉语** Hànyǔ 중국어

汉汉汉汉汉 语语语语语语语语语

**老师** lǎoshī 선생님

老老老老老老 师师师师师师

---

**2과** **Wǒ shǔ tù.** 나는 토끼띠야.

**1** 잘 듣고, 일치하는 그림을 찾아 순서대로 번호를 써 보세요.

| 2 | 1 | 3 | 4 |
|---|---|---|---|
| lóng | niú | yáng | zhū |

**2** 잘 듣고, 일치하는 그림을 찾아 연결해 보세요.

Wǒ shǔ hóu.　Wǒ shǔ hǔ.　Wǒ shǔ mǎ.

**3** 빈칸에 들어갈 한자를 보기 에서 골라 써 보세요.

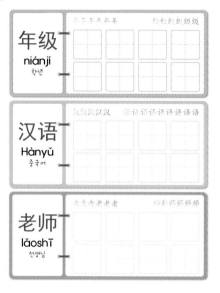

Bàba shǔ shénme?
爸爸 属 什么?

Wǒ shǔ lóng.
我 属 龙.

보기

龙　属

**4** 빈칸에 들어갈 단어를 보기 에서 골라 쓰고, 뜻도 써 보세요.

보기　鼠　蛇　shǔ　tù

| 병음 | 한자 | 뜻 |
|------|------|-----|
| ❶ shé | 蛇 | 뱀 |
| ❷ tù | 兔 | 토끼 |
| ❸ shǔ | 鼠 | 쥐 |

**5** 그림을 보고 알맞은 단어에 ○ 표를 해 보세요.

❶ Nǐ shǔ shénme?
你属什么?

Wǒ shǔ hóu gǒu.
我属 猴 狗.

❷ Māma shǔ shénme?
妈妈属什么?

Wǒ shǔ mǎ niú.
我属 马 牛.

**6** 보기 의 단어를 사용하여 문장을 완성해 보세요. (중복 사용 가능)

보기
shǔ māma wǒ bàba yáng zhū niú yě
属  妈妈  我  爸爸  羊  猪  牛  也

❶ 나는 돼지띠야.
Wǒ shǔ zhū.
我属猪.

❷ 엄마도 양띠야.
Māma yě shǔ yáng.
妈妈也属羊.

❸ 아빠는 소띠야.
Bàba shǔ niú.
爸爸属牛.

⑯

**7** 보기 의 동물들을 찾아 ○ 표를 해 보세요.

보기
shé  hóu  hǔ  lóng
蛇   猴   虎   龙

⑰

---

**8** 잘 듣고, 빈칸에 들어갈 병음 스티커(69쪽)를 붙이고 뜻도 써 보세요.

2-3

| Shǔ | Shǔ | Nǐ shǔ shénme? |
| 属 | 属 | 你属什么? |
| Shǔ、 | niú、 | hǔ、tù、lóng、shé、 |
| 鼠、 | 牛、 | 虎、兔、龙、蛇、 |
| mǎ、 | yáng、 | hóu、jī、gǒu、zhū. |
| 马、 | 羊、 | 猴、鸡、狗、猪. |
| Wǒ | Wǒ | Wǒ shǔ tù. |
| 我 | 我 | 我属兔. |
| 띠 | 띠 | 너는 무슨 띠야? |
| 쥐、 | 소、 | 호랑이、토끼、용、뱀、 |
| 말、 | 양、 | 원숭이、닭、개、돼지. |
| 나 | 나 | 나는 토끼띠야. |

⑱

**9** 획순에 맞게 한자를 따라 써 보세요.

虎
hǔ
호랑이

龙
lóng
용

羊
yáng
양

⑲

**3과** Wǒ jiā yǒu sì kǒu rén.
우리 집은 네 식구야.

**1** 잘 듣고, 일치하는 그림을 찾아 순서대로 번호를 써 보세요.

| 2 | 3 | 4 | 1 |
|---|---|---|---|
| āyí | jiějie | dìdi | mèimei |

**2** 잘 듣고, 일치하는 문장을 찾아 연결해 보세요.

❶ — Wǒ yǒu gēge.

❷ — Wǒ jiā yǒu sān kǒu rén.

❸ — Wǒ jiā yǒu wǔ kǒu rén.

20

**3** 그림에서 알맞은 단어를 찾아 빈칸에 써서 문장을 완성해 보세요.

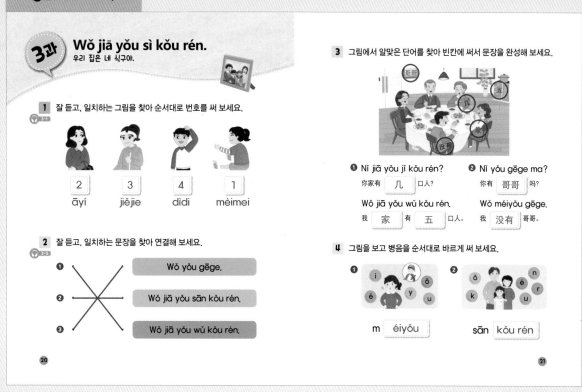

❶ Nǐ jiā yǒu jǐ kǒu rén?
你家有 几 口人?

Wǒ jiā yǒu wǔ kǒu rén.
我 家 有 五 口人。

❷ Nǐ yǒu gēge ma?
你有 哥哥 吗?

Wǒ méiyǒu gēge.
我 没有 哥哥。

**4** 그림을 보고 병음을 순서대로 바르게 써 보세요.

❶ m éiyǒu

❷ sān kǒu rén

21

**5** 그림을 보고 알맞은 단어에 ○ 표를 해 보세요.

❶ Nǐ yǒu dìdi mèimei ma?
你有 弟弟 妹妹 吗?

Wǒ yǒu dìdi mèimei.
我有 弟弟 妹妹。

❷ Nǐ jiā yǒu jǐ kǒu rén?
你家有几口人?

Wǒ jiā yǒu sì wǔ kǒu rén.
我家有 四 五 口人。

**6** 단어를 순서대로 바르게 써서 문장을 완성해 보세요.

❶ Wǒ 我 / yǒu 有 / jiā 家 / kǒu 口 / rén 人 / sì 四

우리 집은 네 식구야.
Wǒ jiā yǒu sì kǒu rén.
我家有四口人。

❷ Wǒ 我 / jiějie 姐姐 / méiyǒu 没有

나는 언니(누나)가 없어.
Wǒ méiyǒu jiějie.
我没有姐姐。

22

**7** 징징이네는 몇 식구인지 미로를 따라가며 알아보고, 징징이의 대답을 빈칸에 써 보세요.

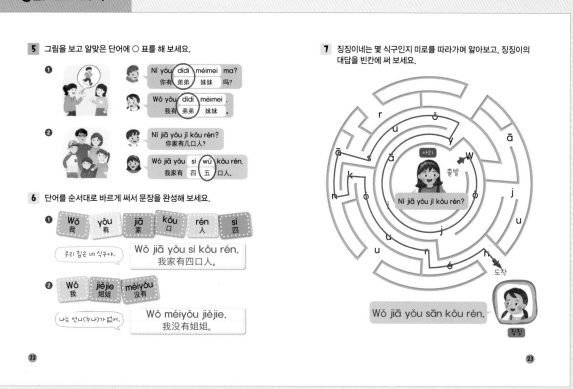

Nǐ jiā yǒu jǐ kǒu rén?

Wǒ jiā yǒu sān kǒu rén.

23

8 잘 듣고, 빈칸에 들어갈 병음 스티커(69쪽)를 붙이고 뜻도 써 보세요.

| Jǐ | Jǐ | Nǐ jiā yǒu jǐ kǒu rén? |
| 几 | 几 | 你家有几口人? |
| Sì | Sì | Wǒ jiā yǒu sì kǒu rén. |
| 四 | 四 | 我家有四口人。 |
| Yǒu | Yǒu | Nǐ yǒu gēge ma? |
| 有 | 有 | 你有哥哥吗? |
| Méiyǒu | Méiyǒu | Wǒ méiyǒu gēge. |
| 没有 | 没有 | 我没有哥哥。 |

| 몇 | 몇 | 너희 집은 몇 식구야? |
| 넷 | 넷 | 우리 집은 네 식구야. |
| 있어 | 있어 | 너는 오빠[형]가 있어? |
| 없어 | 없어 | 나는 오빠[형]가 없어. |

9 획순에 맞게 한자를 따라 써 보세요.

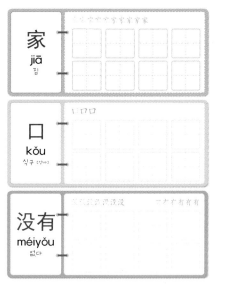

家 jiā 집

口 kǒu 식구 [양사]

没有 méiyǒu 없다

## 4과 Wǒ shì Hánguórén.
나는 한국인이야.

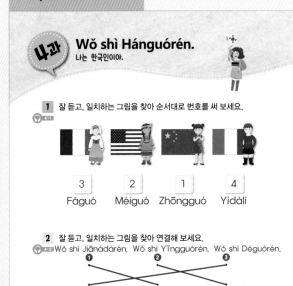

1 잘 듣고, 일치하는 그림을 찾아 순서대로 번호를 써 보세요.

| 3 | 2 | 1 | 4 |
| Fǎguó | Měiguó | Zhōngguó | Yìdàlì |

2 잘 듣고, 일치하는 그림을 찾아 연결해 보세요.
Wǒ shì Jiānádàrén.　Wǒ shì Yīngguórén.　Wǒ shì Déguórén.
❶　　　❷　　　❸

3 사다리를 타고 내려가 빈칸에 병음을 쓰고, 문장의 뜻도 써 보세요.

| rén | shì | Rìběn | Tā |

| Tā | shì | Rìběn | rén |

뜻 그(그녀)는 일본인이야.

4 빈칸에 들어갈 단어를 보기 에서 골라 쓰고, 뜻도 써 보세요.

보기
中国　加拿大　Hánguó　Zhōngguó

| | 병음 | 한자 | 뜻 |
| ❶ | Hánguó | 韩国 | 한국 |
| ❷ | Jiānádà | 加拿大 | 캐나다 |
| ❸ | Zhōngguó | 中国 | 중국 |

**5** 그림과 일치하는 문장을 찾아 ○ 표를 해 보세요.

❶

Tā shì Měiguórén.
她是美国人。 ☐

Tā shì Fǎguórén.
她是法国人。 ○

❷

Tā shì Měiguórén.
她是美国人。 ○

Tā shì Fǎguórén.
她是法国人。 ☐

**6** 보기 의 단어를 사용하여 문장을 완성해 보세요. (중복 사용 가능)

보기
Tā Wǒ bú shì rén shì yě Zhōngguó Yìdàlì Hánguó
他(她) 我 不 是 人 是 也 中国 意大利 韩国

❶ 그는 이탈리아인이야.
Tā shì Yìdàlìrén.
他是意大利人。

❷ 그녀는 중국인이 아니야.
Tā bú shì Zhōngguórén.
她不是中国人。

❸ 나도 한국인이야.
Wǒ yě shì Hánguórén.
我也是韩国人。

**7** 만국기에 어느 나라 국기가 없는지 보기 에서 골라 써 보세요.

보기
Hánguó    Zhōngguó    Yīngguó
韩国       中国        英国
Měiguó    Jiānádà     rìběn
美国       加拿大       日本

❶   Jiānádà
加拿大

❷   Zhōngguó
中国

❸   Hánguó
韩国

❹   Yīngguó
英国

**8** 잘 듣고, 빈칸에 들어갈 병음 스티커(69쪽)를 붙이고 뜻도 써 보세요.

🎧 4-3

Nǐ       Nǐ       Nǐ shì nǎ guó rén?
你       你       你是哪国人?

Hánguó   Hánguó   Wǒ shì Hánguórén.
韩国      韩国      我是韩国人。

Tā       Tā       Tā yě shì Hánguórén ma?
她       她       她也是韩国人吗?

Bú shì   Bú shì   Tā shì Zhōngguórén.
不是      不是      她是中国人。

너는      너는      너는 어느 나라 사람이니?
한국      한국      나는 한국인이야.
그녀      그녀      그녀도 한국인이야?
아니      아니      그녀는 중국인이야.

**9** 획순에 맞게 한자를 따라 써 보세요.

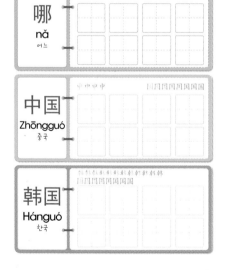

哪
nǎ
어느

中国
Zhōngguó
중국

韩国
Hánguó
한국

**5과 Wǒ qù shūdiàn.** 나는 서점에 가.

**1** 잘 듣고, 일치하는 그림을 찾아 순서대로 번호를 써 보세요.

4 — yínháng
2 — shūdiàn
3 — cāntīng
1 — dòngwùyuán

**2** 잘 듣고, 일치하는 문장을 찾아 연결해 보세요.

❶
❷
❸

Wǒ qù túshūguǎn.
Wǒ qù gōngyuán.
Wǒ qù diànyǐngyuàn.

32

**3** 그림과 일치하는 병음을 찾아 ○표를 하고, 한자 스티커(71쪽)도 붙여 보세요.

❶ ❷ ❸

chāoshì ○　wénjùdiàn ○　túshūguǎn ○
cāntīng □　gōngyuán □　shūdiàn ○

超市　　文具店　　书店

**4** 그림을 보고 빈칸에 들어갈 병음을 보기에서 골라 써 보세요.

보기
jīchǎng　nǎr　cāntīng　yínháng

너 어디 가?

❶ Nǐ qù [ nǎr ]?
你去哪儿?

나 은행 가.

❷ Wǒ qù [ yínháng ].
我去银行.

33

**5** 베이베이는 어디 가는 걸까요? 미로를 따라가며 장소 이름을 써 보세요.

Nǐ qù nǎr?
你去哪儿?

Wǒ qù dòngwùyuán.
我去　动物园.

**6** 단어를 순서대로 바르게 써서 문장을 완성해 보세요.

❶ gōngyuán 公园　qù 去　Wǒ 我

나는 공원에 가.

Wǒ qù gōngyuán.
我去公园.

❷ bú 不　jīchǎng 机场　Wǒ 我　qù 去

나는 공항에 가지 않아.

Wǒ bú qù jīchǎng.
我不去机场.

34

**7** 힌트를 보고 빈칸에 알맞은 병음을 써서 가로세로 퍼즐을 풀어 보세요.

세로 힌트

❶ ❷ ❸

가로 힌트

❹ ❺ ❻

35

62

## 5과 36~37쪽

**8** 잘 듣고, 빈칸에 들어갈 병음 스티커(71쪽)를 붙이고 뜻도 써 보세요.

| Qù<br>去 | Qù<br>去 | Nǐ qù nǎr?<br>你去哪儿? |
|---|---|---|
| Shūdiàn<br>书店 | Shūdiàn<br>书店 | Wǒ qù shūdiàn.<br>我去书店. |
| Qù<br>去 | Qù<br>去 | Nǐ qù chāoshì ma?<br>你去超市吗? |
| Bù<br>不 | Bù<br>不 | Wǒ bú qù chāoshì.<br>我不去超市. |
| 가니 | 가니 | 너 어디 가니? |
| 서점 | 서점 | 나는 서점에 가. |
| 가니 | 가니 | 너 슈퍼마켓 가니? |
| 아니 | 아니 | 나는 슈퍼마켓에 안 가. |

**9** 획순에 맞게 한자를 따라 써 보세요.

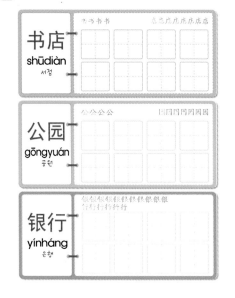

书店
shūdiàn
서점

公园
gōngyuán
공원

银行
yínháng
은행

---

## 6과 38~39쪽

**6과** Jīntiān wǔ yuè wǔ hào.
오늘은 5월 5일이야.

**1** 잘 듣고, 일치하는 그림을 찾아 순서대로 번호를 써 보세요.

| 1 | 3 | 2 | 4 |
|---|---|---|---|
| yī yuè yī hào | shí'èryuè wǔhào | xīngqīyī | xīngqī'èr |

**2** 잘 듣고, 일치하는 그림을 찾아 연결해 보세요.
Jīntiān xīngqīwǔ.   Jīntiān xīngqī'èr.   Jīntiān xīngqīliù.

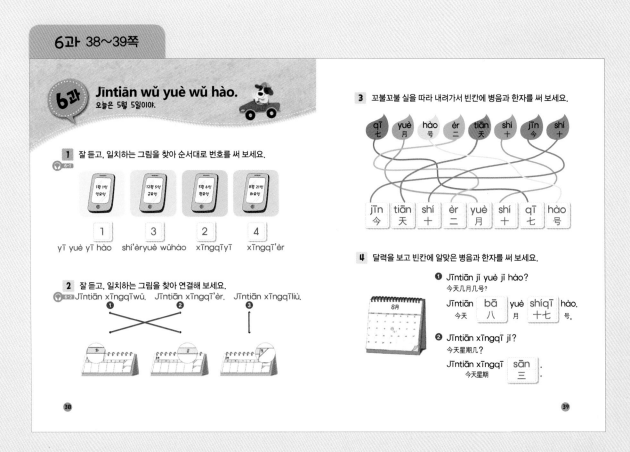

**3** 꼬불꼬불 실을 따라 내려가서 빈칸에 병음과 한자를 써 보세요.

qī 七 / yuè 月 / hào 号 / èr 二 / tiān 天 / shí 十 / jīn 今 / shí 十

| jīn 今 | tiān 天 | shí 十 | èr 二 | yuè 月 | shí 十 | qī 七 | hào 号 |
|---|---|---|---|---|---|---|---|

**4** 달력을 보고 빈칸에 알맞은 병음과 한자를 써 보세요.

❶ Jīntiān jǐ yuè jǐ hào?
今天几月几号?

Jīntiān [ bā 八 ] yuè [ shíqī 十七 ] hào.
今天 八 月 十七 号.

❷ Jīntiān xīngqī jǐ?
今天星期几?

Jīntiān xīngqī [ sān 三 ].
今天星期 三.

**5** 그림과 일치하는 문장을 찾아 연결하고, 뜻도 써 보세요.

**❶** 12月 24 (토)

**❷** 10月 1 (목)

**❸** 3月 12 (일)

Jīntiān shí yuè yī hào.
今天十月一号。
뜻 오늘은 10월 1일이야.

Jīntiān xīngqītiān.
今天星期天。
뜻 오늘은 일요일이야.

Jīntiān shí'èr yuè èrshísì hào.
今天十二月二十四号。
뜻 오늘은 12월 24일이야.

**6** 병음을 보고 한자로 써 보세요.

**❶** Jīntiān jǐ yuè jǐ hào?

今天几月几号?

**❷** Jīntiān sì yuè wǔ hào.

今天四月五号。

**7** 사다리를 타고 내려가 알맞은 단어를 찾아 문장을 완성하세요.

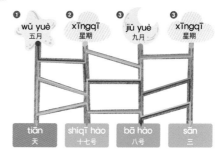

**❶** wǔ yuè 五月　**❷** xīngqī 星期　**❸** jiǔ yuè 九月　**❸** xīngqī 星期

tiān 天 ┃ shíqī hào 十七号 ┃ bā hào 八号 ┃ sān 三

**❶** Jīntiān 今天　wǔ yuè bā hào. 五月八号。

**❷** Míngtiān 明天　xīngqīsān. 星期三。

**❸** Jīntiān 今天　jiǔ yuè shíqī hào. 九月十七号。

**❹** Míngtiān 明天　xīngqītiān. 星期天。

**8** 잘 듣고, 빈칸에 들어갈 병음 스티커(71쪽)를 붙이고 뜻도 써 보세요.

| | | |
|---|---|---|
| Jǐ 几 | Jǐ 几 | Jǐ yuè jǐ hào? 几月几号? |
| Wǔ 五 | Wǔ 五 | Wǔ yuè wǔ hào. 五月五号。 |
| Jǐ 几 | Jǐ 几 | Xīngqī jǐ? 星期几? |
| Èr 二 | Èr 二 | Xīngqī'èr. 星期二。 |
| 몇 | 몇 | 몇 월 며칠이야? |
| 5 | 5 | 5월 5일이야. |
| 무슨 | 무슨 | 무슨 요일이야? |
| 화 | 화 | 화요일이야. |

**9** 획순에 맞게 한자를 따라 써 보세요.

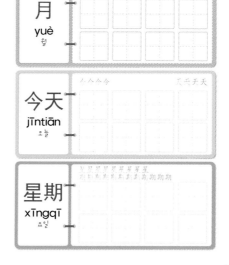

月 yuè 월

今天 jīntiān 오늘

星期 xīngqī 요일

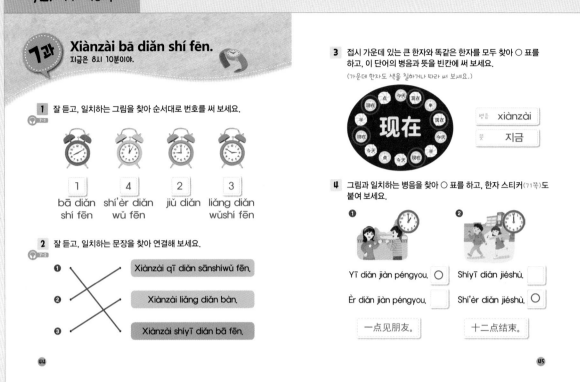

**7과** **Xiànzài bā diǎn shí fēn.**
지금은 8시 10분이야.

**1** 잘 듣고, 일치하는 그림을 찾아 순서대로 번호를 써 보세요.

| 1 | 4 | 2 | 3 |
|---|---|---|---|
| bā diǎn shí fēn | shí'èr diǎn wǔ fēn | jiǔ diǎn | liǎng diǎn wǔshí fēn |

**2** 잘 듣고, 일치하는 문장을 찾아 연결해 보세요.

❶
❷
❸

Xiànzài qī diǎn sānshíwǔ fēn.

Xiànzài liǎng diǎn bàn.

Xiànzài shíyī diǎn bā fēn.

**3** 접시 가운데 있는 큰 한자와 똑같은 한자를 모두 찾아 ○ 표를 하고, 이 단어의 병음과 뜻을 빈칸에 써 보세요.
(가운데 한자도 색을 칠하거나 따라 써 보세요.)

现在

병음 xiànzài
뜻 지금

**4** 그림과 일치하는 병음을 찾아 ○ 표를 하고, 한자 스티커(71쪽)도 붙여 보세요.

❶ ❷

Yī diǎn jiàn péngyou. ○    Shíyī diǎn jiéshù.

Èr diǎn jiàn péngyou.    Shí'èr diǎn jiéshù. ○

一点见朋友。    十二点结束。

44

45

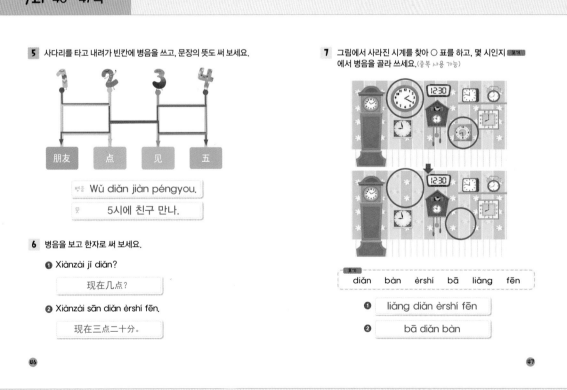

**5** 사다리를 타고 내려가 빈칸에 병음을 쓰고, 문장의 뜻도 써 보세요.

1 2 3 4

朋友    点    见    五

병음 Wǔ diǎn jiàn péngyou.
뜻 5시에 친구 만나.

**6** 병음을 보고 한자로 써 보세요.

❶ Xiànzài jǐ diǎn?

现在几点?

❷ Xiànzài sān diǎn èrshí fēn.

现在三点二十分。

**7** 그림에서 사라진 시계를 찾아 ○ 표를 하고, 몇 시인지 보기에서 병음을 골라 쓰세요.(중복 사용 가능)

보기 diǎn    bàn    èrshí    bā    liǎng    fēn

❶ liǎng diǎn èrshí fēn

❷ bā diǎn bàn

46

47

**8** 잘 듣고, 빈칸에 들어갈 병음 스티커(71쪽)를 붙이고 뜻도 써 보세요.

| | | |
|---|---|---|
| Jǐ diǎn<br>几点 | Jǐ diǎn<br>几点 | Xiànzài jǐ diǎn?<br>现在几点? |
| Bā bā<br>八八 | Shí shí<br>十十 | Bā diǎn shí fēn.<br>八点十分。 |
| Jǐ diǎn<br>几点 | Jǐ diǎn<br>几点 | Jǐ diǎn jiàn péngyou?<br>几点见朋友? |
| Liǎng diǎn<br>两点 | Liǎng diǎn<br>两点 | Liǎng diǎn bàn jiàn péngyou.<br>两点半见朋友。 |

| | | |
|---|---|---|
| 몇 시 | 몇 시 | 지금 몇시야? |
| 여덟 여덟 | 십 십 | 여덟 시 십 분이야. |
| 몇 시 | 몇 시 | 몇 시에 친구 만나? |
| 두 시 | 두 시 | 두 시 반에 친구 만나. |

48

**9** 획순에 맞게 한자를 따라 써 보세요.

分<br>fēn<br>~분

两<br>liǎng<br>둘, 2

现在<br>xiànzài<br>지금

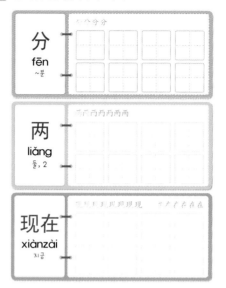

49

**8과** Pútao duōshao qián?<br>포도는 얼마야?

**1** 잘 듣고, 일치하는 그림을 찾아 순서대로 번호를 써 보세요.

| 2 | 3 | 4 | 1 |
|---|---|---|---|
| píngguǒ | lí | táozi | cǎoméi |

**2** 잘 듣고, 일치하는 그림을 찾아 연결해 보세요.

Lí duōshao qián?  Bā kuài qián.  Sān kuài qián.

❶  ❷  ❸

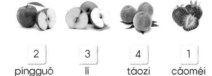

50

**3** 빈칸에 들어갈 단어를 보기 에서 골라 쓰고, 뜻도 써 보세요.

보기
苹果  柿子  píngguǒ  cǎoméi

| 병음 | 한자 | 뜻 |
|---|---|---|
| ❶ cǎoméi - | 草霉 - | 딸기 |
| ❷ píngguǒ - | 苹果 - | 사과 |
| ❸ shìzi - | 柿子 - | 감 |

**4** 그림을 보고 빈칸에 들어갈 병음을 보기 에서 골라 써 보세요.

보기
liǎng kuài qián  duōshao qián  shénme

복숭아 얼마예요?

❶ Táozi  duōshao qián ?<br>桃子多少钱?

❷ Liǎng kuài qián .<br>两块钱。

2위안이에요.

51

66

**5** 그림을 보고 알맞은 단어에 ○ 표를 해 보세요.

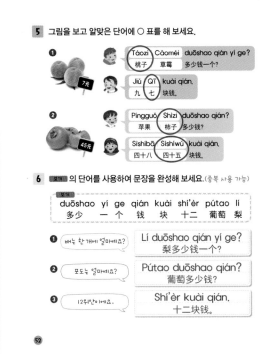

**6** 보기 의 단어를 사용하여 문장을 완성해 보세요.(중복 사용 가능)

보기

| duōshao | yí ge | qián | kuài | shí'èr | pútao | lí |
|---------|-------|------|------|--------|-------|-----|
| 多少 | 一个 | 钱 | 块 | 十二 | 葡萄 | 梨 |

❶ 배는 한 개에 얼마예요?

Lí duōshao qián yí ge?
梨多少钱一个?

❷ 포도는 얼마예요?

Pútao duōshao qián?
葡萄多少钱?

❸ 12위안이에요.

Shí'èr kuài qián.
十二块钱。

52

**7** 암호판을 보고 과일 가격이 얼마인지 보기 에서 병음과 한자를 골라 써 보세요.

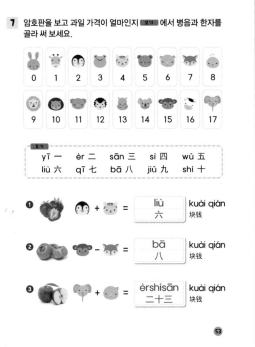

보기

| yī 一 | èr 二 | sān 三 | sì 四 | wǔ 五 |
|-------|-------|--------|-------|-------|
| liù 六 | qī 七 | bā 八 | jiǔ 九 | shí 十 |

❶ 🍓 + 🐱 = liù / 六 kuài qián 块钱

❷ 🫐 - 🦊 = bā / 八 kuài qián 块钱

❸ + = èrshísān / 二十三 kuài qián 块钱

53

**8** 잘 듣고, 빈칸에 들어갈 병음 스티커(71쪽)를 붙이고 뜻을 써 보세요.

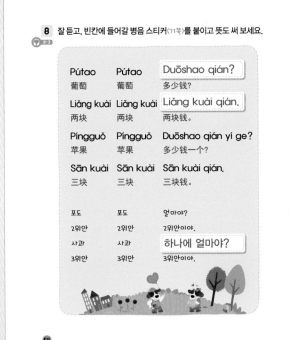

| Pútao 葡萄 | Pútao 葡萄 | Duōshao qián? 多少钱? |
| Liǎng kuài 两块 | Liǎng kuài 两块 | Liǎng kuài qián. 两块钱。 |
| Píngguǒ 苹果 | Píngguǒ 苹果 | Duōshao qián yí ge? 多少钱一个? |
| Sān kuài 三块 | Sān kuài 三块 | Sān kuài qián. 三块钱。 |
| 포도 | 포도 | 얼마야? |
| 2위안 | 2위안 | 2위안이야. |
| 사과 | 사과 | 하나에 얼마야? |
| 3위안 | 3위안 | 3위안이야. |

54

**9** 획순에 맞게 한자를 따라 써 보세요.

苹果 píngguǒ 사과

多少 duōshao 얼마

钱 qián 돈

55

67

1과 3번

wǔ 五　　jǐ 几　　èr 二　　jǐ 几　　sān 三　　sì 四

1과 8번

Tā shì Hànyǔ lǎoshī.　　Jǐ　　　Jǐ

2과 8번

mǎ、　　yáng、　　Wǒ shǔ tù.

3과 8번

Nǐ jiā yǒu jǐ kǒu rén?　　Wǒ méiyǒu gēge.

4과 8번

Tā shì Zhōngguórén.　　Nǐ shì nǎ guó rén?

文具店　　　　超市　　　　书店

Wǒ bú qù chāoshì.　　　　Nǐ qù nǎr?

Xīngqī jǐ?　　　　Wǔ yuè wǔ hào.

十二点结束。　　　　一点见朋友。

Bā diǎn shí fēn.　　　　Liǎng diǎn bàn jiàn péngyou.

Liǎng kuài qián.　　　　Duōshao qián?